AF174615

Manifiesto
por la lectura

1.ª edición: mayo de 2023
4.ª edición: junio de 2025

Agradecemos a la Federación de Gremios
de Editores de España su colaboración

FEDERACIÓN DE GREMIOS
DE EDITORES DE ESPAÑA

Diseño gráfico: Gloria Gauger
© Irene Vallejo Moreu, 2020
Publicado mediante acuerdo con
Casanovas & Lynch Literary Agency
© De la introducción, Miguel Barrero Maján
© Ediciones Siruela, S. A., 2023, 2025
c/ Almagro 25, ppal. dcha.
28010 Madrid. Tel.: + 34 91 355 57 20
www.siruela.com
ISBN: 978-84-19744-59-3
Depósito legal: M-12.587-2023
Impreso en Anzos
Printed and made in Spain

Papel 100% procedente de bosques gestionados
de acuerdo con criterios de sostenibilidad

Irene Vallejo

MANIFIESTO
POR LA LECTURA
Caligrafías del cuidado

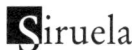

Biblioteca de Ensayo 84 (serie menor)

En febrero de 2020 la Federación de Gremios de Editores de España encargó a Irene Vallejo este *Manifiesto por la lectura* para que fuera la voz que acompañara a la petición de un Pacto de Estado por la lectura y el libro.

Ahora, a disposición ya de todos los lectores, es deseo de la autora que los derechos de autor que genere sean dedicados al apoyo de proyectos e instituciones de fomento de la lectura.

Introducción

Un Pacto por el Libro y la Lectura debe estar motivado por la aspiración de conseguir que los ciudadanos encuentren tanto sentido a leer como para que la lectura sea una experiencia frecuente en sus vidas. Las medidas y los programas vendrán siempre después de persuadir sobre el significado de la experiencia lectora. Para los editores los valores de la lectura son universales y eternos y queríamos reivindicarlos de forma pública en una suerte de «manifiesto», donde defender y difundir las razones por las cuales creemos en los libros. Esa declaración debería nutrir la visión del Pacto que proponemos a nuestros políticos.

Estábamos en ese punto cuando irrumpió una humanista zaragozana hablando con magia, con sosiego y con convicción de escritura, de narraciones y de libros. Y lo hacía en tiempos de economía de la atención y de abundancia digital, de velocidad e inmediatez, de impaciencia y distracciones. No tuvimos ninguna duda de quién nos gustaría que se hiciese cargo del manuscrito del *Manifiesto*. El día 12 de febrero poco costó convencerla, porque su amor por ese invento que es el libro está impreso en su genética y narrado en su biografía. Además de aceptar el encargo con entusiasmo, añadió algo que pocos pueden hacer: regalarnos la sensibilidad, la elegancia, la cercanía, el reposo, la belleza y la erudición que imprime a su relato. No nos queda más que estar por siempre agradecidos a Irene por poner voz a nuestro empeño de convencer sobre el poder de los libros. No lo podría haber hecho mejor: con calma y concordia.

Gracias también a aquellos que nos señalaron su potencial y que nos hicieron tan fácil el encuentro. Gracias, Ofelia Grande y Juan Cruz.

Miguel Barrero Maján,
presidente de la Federación de
Gremios de Editores de España

MANIFIESTO POR LA LECTURA

Caligrafías del cuidado

«Quisiera consignar un milagro trivial, del que uno no se da cuenta hasta después que ha pasado: el descubrimiento de la lectura. El día en que los veintiséis signos del alfabeto dejan de ser trazos incomprensibles en fila sobre un fondo blanco, arbitrariamente agrupados, y se convierten en una puerta de entrada que da a otros siglos, a otros países, a multitud de seres más numerosos de los que veremos en toda nuestra vida, a veces a una idea que cambiará las nuestras, a una noción que nos hará un poco mejores o, al menos, un poco menos ignorantes que ayer».

MARGUERITE YOURCENAR,
¿Qué? La eternidad

«A los libros se llega como a las islas mági-
cas de los cuentos, no porque alguien nos
lleve de la mano, sino simplemente porque
nos salen al paso. Eso es leer, llegar ines-
peradamente a un lugar nuevo. Un lugar
que, como una isla perdida, no sabíamos
que pudiera existir, y en el que tampoco
podemos prever lo que nos aguarda. Un
lugar en el que debemos entrar en silencio,
con los ojos muy abiertos, como suelen
hacer los niños cuando se adentran en una
casa abandonada».

GUSTAVO MARTÍN GARZO,
Elogio de la fragilidad

I

Frágiles

Había una vez una mujer sola en un territorio peligroso. Menuda y delgada, cada noche debía enfrentarse a una temible amenaza. Pero, en los cuentos, los pequeños, los débiles, los frágiles poseen siempre un talismán salvador. Ella conocía un sortilegio infalible: era capaz de levantar a su alrededor un muro de aire para defenderse. Los sillares de esa muralla invisible eran las palabras. Cuando una historia brotaba de sus labios, la gente se detenía a escuchar, con la mirada fija, como en trance, olvidando sus quehaceres, sus angustias y su ira.

Sus fábulas eran, para todos, un refugio frente al acecho del peligro. Es fácil reconocer en ella a la persuasiva Sherezade, pero también a la protagonista de una leyenda nacida en la tradición oral francesa, «La madre de los cuentos», donde una joven aprendía el arte de narrar escuchando el susurro del viento entre los árboles. Al regresar a casa con el bagaje de las historias aprendidas de los álamos, de las hayas y de los robles, el embrujo de su voz lograba enmudecer la vara con que, día tras día, la golpeaban. La mitología griega nos habló de Odiseo, el zarandeado y luchador héroe homérico, que recurría a astutos relatos para salvar la vida. También de los versos y los cantos mágicos de Orfeo, que encandilaban a los animales y vencieron a la muerte.

En la ceremonia del Premio Cervantes, Ana María Matute afirmó: «La literatura ha sido, y es, el faro salvador de muchas de mis tormentas». En esta confidencia vibran los ecos de una larga andadura de nuestras letras. Ya el *Cantar de mio Cid* alude a una niña que salvó a su pueblo con la belleza de sus palabras; siglos después, Manuel Machado dedicaría un poema a esa chiquilla tejedora de discursos:

> *Una voz de plata*
> *y de cristal responde... Hay una niña*
> *muy débil y muy blanca*
> *en el umbral.*

Patronio se negaba a dar consejos al conde Lucanor, pero le contaba sabias fábulas para alumbrar su camino. Lázaro de Tormes, nuestro lazarillo, advierte al comienzo de su historia: «Yo oro ni plata no te lo puedo dar».

Pero, añade, mis cuentos son «avisos para vivir». En el *Quijote*, la pastora Marcela defiende su libertad por medio de una vibrante narración. Nuestros clásicos nos confían una y otra vez el mismo mensaje con distintas voces: los relatos nos ayudan a sobrevivir. Las palabras son un hechizo cargado de futuro.

Somos una especie frágil, particularmente frágil: ni muy fuerte, ni demasiado rápida ni especialmente resistente al hambre, la sed, el calor o el frío. No estamos adaptados al vuelo o la vida bajo el agua. Nacemos completamente indefensos y nuestra infancia es más prolongada que la de ningún otro animal. Hasta un virus minúsculo nos pone en peligro. Sin embargo, la brisa de una cualidad asombrosa nos ha impulsado hacia un desarrollo inesperado, hacia un imprevisible progreso. Esa facultad es nuestra imaginación, que, aliada con el lenguaje, nos permite soñar lo inconcebible, colaborar y fortalecernos unas a otros. Somos la única especie que explica el mundo con historias, que las desea, las añora y las usa para sanar.

Nuestra auténtica fortaleza es creativa. Gracias a la imaginación, hemos inventado el mito de Ícaro y los aviones, el Nautilus y los submarinos, los viajes estelares de Luciano y el Apolo XI. Si los humanos no hubiéramos fabulado con tierras soñadas como El Dorado o con seres mitológicos como las sirenas, no habríamos podido explorar territorios desconocidos ni llegar a la luna, alumbrar la teoría de la relatividad, el automóvil o el ordenador. Lo imposible debe ser soñado primero, para algún día hacerlo realidad.

II

Alas y cimientos

Narramos, escribimos y leemos porque hemos fabricado la fabulosa herramienta del lenguaje humano. Por medio de las palabras, podemos compartir mundos interiores e ideas quiméricas. Cuando un animal fantasea —si tal cosa es posible—, carece de herramientas para contárselo a otro animal. Algunas especies están dotadas de habilidades comunicativas, en ocasiones asombrosamente complejas, pero ninguna puede compararse con las nuestras en flexibilidad, libertad y riqueza de matices. Este prodigio lingüístico nos permite coexistir en dos geografías: el espacio tangible que habitamos junto a miles de seres vivos y un universo paralelo que nos pertenece en exclusiva —el de la fantasía, el de las posibilidades, el de los símbolos—, al que ninguna otra criatura puede acceder.

Propulsados por el lenguaje y la creatividad, nuestros cerebros despegaron de la mera evolución biológica, cuya cadencia es implacablemente lenta, y elevamos el vuelo con las rápidas alas de la evolución cultural. Hace miles de años, la invención de una sofisticada tecnología, la escritura, abrió las puertas a conservar conocimientos, ideas y sueños, a expandirlos y hacerlos revivir con cada mirada que se posa en las letras de una página. El filósofo Richard Rorty piensa que leer nos cambió la mente de forma irreversible. Gracias a la lectura, hemos desarrollado una anomalía llamada «ojos interiores». Descubrir los personajes de una historia se parece a conocer gente nueva, comprendiendo su carácter y sus razones. Cuanto más diferentes son esos personajes, más nos amplían el horizonte y enriquecen nuestro universo. A través de los libros, anidamos en la piel de otros, acariciamos sus cuerpos y nos hundimos en su mirada. Y, en un mundo narcisista y ególatra, lo mejor que le puede pasar a uno es ser todos.

Leer nunca ha sido una actividad solitaria, ni siquiera cuando la practicamos sin compañía en la intimidad de nuestro hogar. Es un acto colectivo que nos avecina a otras mentes y afirma sin cesar la posibilidad de una comprensión rebelde al obstáculo de los siglos y las fronteras. Por el camino del placer, sobre los abismos de las diferencias, la lectura ofrece puentes colgantes de palabras. El psicólogo Raymond Mar y su equipo de la Universidad de Toronto probaron en 2006 que las personas que leen son más empáticas que las no lectoras, especialmente quienes frecuentan obras literarias. Un grupo de estudiantes debía elegir entre dos sobres: uno contenía *La dama del perrito* de Chéjov; el otro, un texto que describía exactamente la misma historia, pero en un lenguaje neutro, frío, casi documental, sin las inflexiones propias del antiguo oficio de la narración. Quienes leyeron las palabras de Chéjov lograron mejores calificaciones en las escalas de empatía, especialmente aquellos a quienes más emocionó el cuento. La cualidad de sumergirse en el lugar del otro y bucear en aguas distantes no solo enriquece nuestra intimidad, sino nuestra vida privada, la convivencia cotidiana, las habilidades sociales que desplegamos, y expande sus beneficios hasta la política internacional o los logros de las empresas.

El hábito de leer no nos hace necesariamente mejores personas, pero nos enseña a observar con el ojo de la mente la amplitud del mundo y la enorme variedad de situaciones y seres que lo pueblan. Nuestras ideas se vuelven más ágiles y nuestra imaginación, más iluminadora. Al asomarnos a la madriguera de un relato, escapamos de nosotros y nos proyectamos en los personajes de un país inventado. Sostiene Mario Vargas Llosa que

... la vida, injusta, nos obliga a ser siempre los mismos, cuando quisiéramos ser muchos, tantos como requerirían para aplacarse los incandescentes deseos de que estamos poseídos. [...] La buena literatura es siempre un desafío a lo que existe.

Anhelamos ver por otros ojos, pensar con otras ideas y sentir otras pasiones. La magia consiste en ponernos las lentes de la ficción y observar a través de ellas, deslizándonos en los placeres, los terrores o las ambiciones ajenas. Y, sin movernos de la cama, el universo entero nos pertenece, la inmensidad está al alcance de nuestros dedos.

En los mundos inventados nos encontramos, nos entendemos y aprendemos a colaborar. La filósofa estadounidense Martha Nussbaum, Premio Princesa de Asturias de Ciencias Sociales, defiende que la lectura forma parte de la preparación necesaria para vivir en democracia. Desde que los griegos lo ensayaron por primera vez hace milenios, este sistema es el más exigente y asombroso que hemos intentado. Pretende crear una convivencia que no se sustente en la fuerza, sino que se apoye en una delicada urdimbre de acuerdos y en una conversación incesante. Como nos recuerda Antonio Basanta, «de la palabra *lector* deriva el término *elector*». En el compás cotidiano de la experiencia democrática, todos y cada una tomamos con nuestro voto decisiones que tendrán consecuencias cruciales en la vida de otras personas. En un texto titulado *La crisis silenciosa*, Nussbaum reflexiona:

La capacidad de imaginar la experiencia del otro debe cultivarse y pulirse si queremos guardar alguna esperanza de afianzar la dignidad de ciertas instituciones, a pesar de las abundantes divisiones que albergan todas las sociedades modernas.

Cuanto mejores trapecistas seamos, capaces de esa pirueta que nos coloca en la mirada ajena, más sólida será la democracia que edificamos. El ejercicio de volar fortalece nuestros cimientos.

III

Arquitecturas del cuidado

Leer nos enseña a hablar, nos educa en el arte del diálogo. «Los libros hacen los labios» solía decir el maestro de retórica Quintiliano hace veinte siglos. A veces encontramos en una página, prodigiosamente transparentes, ideas y sentimientos que en nosotros eran confusos, y así el oficio de vivir nos resulta menos caótico. En lo leído está el vocabulario de nuestras propias vidas. Todos somos a nuestra manera narradores y necesitamos las palabras apropiadas para contar y contarnos cada día, para convencer y encantar a quienes nos escuchan.

Por ese motivo, quienes leen son capaces de exteriorizar con más claridad sus ideas, traducir en palabras sus emociones, ordenar y verbalizar el trayecto de su aprendizaje. Como señala el filósofo Gregorio Luri:

Lectura, escritura y habla van unidas. Por medio de la lectura reforzamos el significado de las palabras que creemos entender y aprendemos palabras nuevas. Los niños que leen más hablan y escriben mejor. Nuestro fracaso escolar es, básicamente, un fracaso lingüístico. Y lo es incluso en matemáticas.

Durante más de dos décadas, el equipo de investigación del psicólogo Mark Taylor, de la Universidad de Oxford, analizó los hábitos cotidianos de casi veinte mil jóvenes. Ninguna actividad practicada fuera de la escuela demostró una influencia tan poderosa sobre el futuro como leer por puro placer. Por eso, el número de libros que posee la familia mantiene una correlación positiva con el rendimiento escolar de un niño. Y los colegios y las bibliotecas se convierten en espacios de oportunidad donde superar desventajas, saltar sobre los obstáculos y construirnos.

Las historias despiertan emociones, nos implicamos en ellas como si nos sucedieran a nosotros. Literalmente. Las técnicas de neuroimagen han mostrado que, cuando leemos o seguimos una película, se activan las mismas zonas del cerebro que al estar inmersos en una situación similar de la vida real. Los relatos bien contados invaden lo más íntimo, liberan sentimientos callados, nos rozan el corazón. Así lo experimentó la periodista y escritora Laure Adler cuando sus esperanzas se resquebrajaron tras la muerte de su hijo. En los atroces primeros meses creyó que nunca podría reponerse, pero el azar colocó en sus manos una novela de Marguerite Duras, encontrada por casualidad en una casa alquilada para el verano. Entre sus páginas, escribiría después, volvió a entrever un mañana:

> La lectura de esa novela suspendió el tiempo, me llevó a otro lugar. Sé que el libro, al trocar mi tiempo por el suyo, el caos de mi vida por el orden del relato, me ayudó a recuperar el aliento y avizorar un futuro.

Pero leer no solo nos enseña a superar desniveles y reparar ruinas, es también gimnasia que vela por nuestra salud. Los neurólogos están descubriendo que se cuenta entre los mejores ejercicios posibles para mantener ágil el cerebro. Cuando leemos, trenzamos los mimbres de la percepción, de la memoria y del razonamiento, y ese entretejer mental frena la degeneración cognitiva. Ahora mismo, mientras la mirada acaricia y descifra estas letras, tras el umbral de los ojos, el cerebro se electriza y se inunda de actividad. Los psicólogos recomiendan la lectura para la rehabilitación de daños neurológicos y como método preventivo del alzhéimer y otras enfermedades degenerativas. Los libros ofrecen un gimnasio asequible y barato para la inteligencia en todas las edades, y tan solo por ese motivo sería aconsejable incluirlos en la educación desde la más temprana infancia y mantenerlos a lo largo de toda la vida. La lectura es la ebullición de nuestras neuronas, un *Big Bang* luminoso en el recinto de nuestra mente.

IV

Fantasmas de voces

Nadie puede decir cuándo o dónde se contó el primer cuento. Seguramente fue en las cavernas, mientras contemplábamos la luz danzante de una hoguera. Las tribus primero, luego los poblados, después las ciudades y los imperios crearon su propia genealogía de historias. Las culturas orientales fueron las más antiguas en ponerlas por escrito, y así las narraciones iniciaron su vuelo a través de la geografía y de los siglos. Los cuentos anónimos, que hablan por todos, han resultado grandes viajeros. Quien sabe una buena historia quiere que alguien más la oiga, necesita compartirla enseguida. «¿Sabes la historia del niño sin sombra? ¿Conoces el cuento de los amantes y el fantasma? Érase una vez...». Y todos, intrigados, prestan atención.

A través de los relatos podemos saber cómo sintieron y soñaron personas muertas antes de nuestro nacimiento, incluso escucharlas vivas dentro de nosotros, un conjuro imposible para ninguna otra especie. Desde la *Ilíada*, allí donde nace la literatura europea, reconstruimos mentalmente épocas pretéritas, escuchando las voces de otros milenios. Puede que las palabras impresas no sean sino fantasmas de voces o sombras de mentes, pero nos importan. Amplían nuestro corto tránsito vital, porque quien lee añade a su vida las vidas de todas las épocas, y así miles de años de conocimiento se funden con el suyo. El tiempo de cada lector se alarga por la confluencia entre la realidad tangible y el pasado reconstruido. La máquina del tiempo existe: son los libros.

V

Ideas extravagantes

Los libros, vehículos de nuestra memoria capaces de transformar el futuro, no surgieron de una inspiración repentina, fueron un invento deseado y buscado. Muchas mentes de siglos distintos trabajaron para mejorarlo, explorando ingeniosas posibilidades. El ansiado soporte para la escritura debía ser a la vez pequeño, ligero, flexible, fácil de transportar y —en los mejores sueños— también perdurable. Un artilugio que permitiese la lectura con las manos, que pudiese guardarse en las alforjas, que diese facilidades para via-

jar y su quieto opuesto: almacenar. Un arte-
facto robusto, capaz de soportar el desgaste
del tiempo y de resistir las trituradoras manos
de los niños. Un objeto sencillo en el que
encapsular los conocimientos más comple-
jos. Sabiduría portátil para ser guardada en
el interior de un arcón o bajo la almohada,
para prestar a un amigo y para acompañarnos
en la aventura de un país a otro. Gracias a ese
utensilio soñado, las historias de los padres
cabrían en la mochila de sus hijos, junto con
los recuerdos y esperanzas heredadas. Obje-
tos que rozan la perfección, los libros han
sido botes salvavidas para nuestro tesoro de
palabras en los naufragios del tiempo.

En esos cofres de páginas hemos preserva-
do nuestras mejores ideas. Sin ellos, tal vez habríamos olvidado a aquel puñado de griegos
temerarios que se lanzaron a un peligroso ex-

perimento de responsabilidad colectiva al que llamaron «democracia». A los médicos hipocráticos, que crearon el primer código deontológico de la historia, donde se comprometían a cuidar a quienquiera que lo necesitase: «Ten en cuenta los medios de tu paciente. Y si tienes oportunidad de servir a alguien que se encuentra en dificultades económicas, préstale plena asistencia». A Platón, que en su *República* reclamó el acceso de las mujeres a las tareas de gobierno y a todos los oficios:

Ninguna ocupación en el gobierno del Estado corresponde a la mujer por ser mujer ni al hombre en cuanto hombre, sino que las dotes naturales están similarmente distribuidas entre ambos, y la mujer participa, por naturaleza, de todas las ocupaciones, lo mismo que el hombre.

O los códigos legales de aquellos locos romanos que modelaron nuestra idea de ciudadanía. A Quintiliano, maestro nacido en la actual Calahorra, quien se opuso a los castigos humillantes en la escuela y afirmó que el deseo de aprender depende solo de la voluntad, «donde no cabe violencia». O a ese cristiano nacido en Siria, Pablo de Tarso, que pronunció quizá el primer discurso igualitario cuando dijo: «No hay judío ni griego, ni esclavo ni hombre libre, ni hombre ni mujer».

Conocer los hallazgos de nuestros ancestros nos ha inspirado ideas tan extravagantes en el reino animal como los derechos humanos, la democracia, la confianza en la ciencia, la libertad, la sanidad universal, la educación obligatoria, el valor de un juicio justo y la preocupación social por los débiles. ¿Quiénes seríamos hoy sin ellas?

VI

Estremecimientos de agua

Como nosotros mismos y nuestras esperanzas, los libros son frágiles. Si repasamos las grandes catástrofes de la historia, lo más lógico y probable hubiera sido que el conocimiento recogido en los libros desapareciera, víctima de guerras, epidemias y saqueos. Sin embargo, a lo largo del tiempo, un silencioso río de hombres y mujeres valientes los ha salvado una y otra vez de la destrucción. De alguna forma misteriosa y espontánea, la necesidad de leer ha forjado una sigilosa lealtad entre gente que, sin conocerse, ha empeñado sus esfuerzos en preservar el caudal de nuestros mejores relatos, sueños y pensamientos. Personas unidas por el deseo de proteger los libros. Y, frente a los profetas de la extinción, nosotros sabemos que este antiguo amor anónimo los seguirá salvando.

Cuando inauguró la biblioteca de su pueblo natal, Fuente Vaqueros, en septiembre de 1931, Federico García Lorca dijo:

Nadie se da cuenta al tener un libro en las manos, el esfuerzo, el dolor, la vigilia, la sangre que ha costado. El libro es sin disputa la obra mayor de la humanidad. Muchas veces, un pueblo está dormido como el agua de un estanque en día sin viento. Ni el más leve temblor turba la ternura blanda del agua. Las ranas duermen en el fondo y los pájaros están inmóviles en las ramas que lo circundan. Pero arrojad de pronto una piedra. Veréis una explosión de círculos concéntricos, de ondas redondas que se dilatan atropellándose unas a las otras y se estrellan contra los bordes. Veréis un estremecimiento total del agua, un bullir de ranas en todas direcciones, una inquietud por todas las orillas y hasta los pájaros que dormían en las ramas umbrosas saltan disparados en bandadas por todo el aire azul. Muchas veces un pueblo duerme como el agua de un estanque un día sin viento, y un libro o unos libros pueden estremecerle e inquietarle y enseñarle nuevos horizontes de superación y concordia.

Los libros dejan constancia de lo que fuimos y de lo que hemos superado, de lo que nos dolió y de lo que nos hizo mejores. A través de los siglos, han pasado de mano en mano —testigos de nuestras vidas y testigos en una carrera de relevos— y han logrado mantener más unidas las generaciones. Por eso, a las puertas de una humilde biblioteca rural, Lorca describió esta cadena de desconocidos salvadores, consciente de que custodiar las palabras significa también cuidarnos y velar por el mañana, frente a las incesantes amenazas del tiempo, la muerte y el silencio.

VII

Peligros casi imperceptibles

Somos responsables de preservar ese bagaje de historias gracias a las cuales crecemos y creamos. A través del hilo generoso que anuda nuestras vidas con las generaciones del futuro, hemos heredado el antiguo compromiso de conservar esos refugios mágicos y magnéticos que albergan los libros. En ellos permanecen nuestras luces, sombras y claroscuros, todas las ideas, explicaciones y certezas provisionales, todos nuestros descubrimientos y deseos. Convicciones, miradas y horizontes tan diversos como la misma humanidad, se

encuentran y dialogan. El plural de todas estas palabras es importante, y las estanterías de
bibliotecas y librerías son sus garantes.

Esas hospitalarias guaridas de papel forman
parte de lo mejor de nuestras vidas. Cuando
los niños de hoy se reúnen en la biblioteca
para que les lean o les cuenten, solo hace falta
mirar el pequeño semicírculo de caras, en-
cendidas con intensidad. Como recuerda Luis
Landero en *El balcón en invierno*:

> ... refranes, canciones, adivinanzas, cuentos,
> leyendas, versos, fábulas, todo un mundo
> de fantasía y de palabras malabares vino a
> poblar mi infancia (...). En los libros leídos
> está la sombra, el rastro de lo que fuimos,
> los diversos bocetos de nuestro aprendi-
> zaje, los vestigios de ciertos afanes que un
> día nos conmovieron.

Esa misma huella compartida persiste en los clubes de lectura, que no dejan de multiplicarse, crecer y retoñar, construyendo comunidades de memoria, solidaridad y encuentro. Necesitamos las herencias y coherencias que se dibujan en los volúmenes que resguardamos; no olvidemos que la palabra *página* comparte etimología con *paz*. En esos anaqueles repletos de lomos, en distintas tipografías, idiomas, colores, se ensaya de alguna forma la democracia: allí arraigan, se aprenden y refuerzan sus premisas.

Por este motivo, en todas las épocas desde su invención, los libros han sido perseguidos, quemados y destruidos con saña reincidente por el pensamiento dogmático y totalitario. Ibn Hazm, poeta cordobés del siglo XI, escribió:

Dejad de prender fuego a pergaminos y
papeles,
y mostrad vuestra ciencia para que se vea
quién es el que sabe.
Y es que aunque queméis el papel
nunca quemaréis lo que contiene,
puesto que en mi interior lo llevo,
viaja siempre conmigo cuando cabalgo,
conmigo duerme cuando descanso,
y en mi tumba será enterrado luego.

Mil años después de este hermoso alegato, las mayores amenazas no son solo los dientes del fuego, las uñas del agua, la pira de la intolerancia, la furia de las guerras.

Hoy, entre nosotros, existe el peligro —casi imperceptible— de la desidia, el olvido, la omisión, el descuido, la indiferencia de una sociedad que no sepa amparar los libros y los eslabones de esa cadena invisible que los salva. Urge mantener siempre la imaginación en ascuas; urge apoyar a las personas que crean, forjan y expanden nuestros sueños: escribiendo, traduciendo, corrigiendo, ilustrando, diseñando, editando. A quienes dan vida a las palabras desde las editoriales, las agencias, los talleres, las imprentas, las distribuidoras. A las librerías, que favorecen ese viaje emocionante e irrepetible de cada ejemplar hasta nuestras manos. A las bibliotecas y archivos, viveros acogedores donde cultivamos el saber para el mañana de cada día. A las escuelas, donde aprendemos los rudimentos de esos trazos misteriosos que ensanchan nuestra mirada y nuestros atlas mentales. Y, sobre todo, es imprescindible cuidar a quien lee: en los clubes de lectura, en los centros cívicos de barrio y las pequeñas bibliotecas rurales, en los programas de animación a la lectura y en los encuentros con escritores. En esa reunión de mujeres, una tarde lluviosa, compartiendo bizcochos a la lumbre de una novela; allí donde un cuentacuentos señala con sus dedos las páginas a un circo de diminutos ojos atónitos; en ese viaje de una poeta rumbo al diálogo con lectores de un pueblo lejano y nevado, se están tejiendo las redes, las rutas y las esperanzas del futuro.

VIII

Herramienta de reconstrucción

Atravesamos tiempos de crisis, de cambio, de incertidumbres. Y es precisamente en esas encrucijadas cuando necesitamos volver la mirada a los libros, a los renglones del pasado: nada de lo que ocurre lo vivimos por primera vez. En la memoria de la escritura encontramos las huellas de la experiencia humana, que una y otra vez ha sobrevivido a sequías, hambrunas, pestes, traumas y guerras. La antropóloga Michèle Petit ha estudiado el valor de la lectura en tiempos de desafíos colectivos. Después del 11 de septiembre de 2001, cuando el audiovisual ya era omnipresente, se observó un aumento de la afluencia a las librerías de Nueva York. Leer ha sido una valiosa herramienta de reconstrucción en diferentes regiones del planeta azotadas por la violencia, terribles crisis económicas, éxodos de poblaciones o catástrofes naturales. Petit analiza innumerables iniciativas en espacios carcelarios, en barrios conflictivos, en programas de rehabilitación de niños guerrilleros o adolescentes sin hogar, y el resultado es siempre revelador: los destinatarios de estas experiencias de lectura «descubrieron en los libros una posibilidad de entablar con el mundo una relación que no fuera únicamente de depredación, de dominio o de utilidad». En épocas convulsas, lo escrito actúa como depósito fiable de las ideas que nos anclan y nos rescatan.

Hijo de este milenio trepidante, nuestro imaginario está colonizado por la velocidad, la inmediatez, la multiplicación. Enamorados de la aceleración, nos deslumbran las conexiones instantáneas, los procesadores vertiginosos, el milagro de oprimir una tecla y comunicarnos de inmediato a través de inmensas distancias. Pero toda esa tecnología rápida y fabulosa es hija de una máquina que trabaja despacio: el cerebro. Y es precisamente su lentitud el secreto de su refinado funcionamiento. Las ideas que sustentan nuestra racionalidad necesitan tiempo, sigilo y sosiego para desarrollarse. Como escribió el historiador romano Tácito: «La verdad se robustece con la investigación y la dilación; la falsedad, con el apresuramiento y la incertidumbre».

Presos de la prisa, hemos arrinconado la educación de la paciencia. A esta falta de serenidad cognitiva podemos denominarla crisis de distracción. Guy Debord afirmó que nuestro tiempo nos empuja a ser más espectadores que lectores; es decir, a diluir la tensión del lector en la entrega del espectador. Leer no es tan pasivo como oír o ver; es recreación y efervescencia mental. Leemos a nuestro propio ritmo, modulamos la velocidad, interiorizamos lo que queremos asimilar y no lo que nos arrojan con tal ímpetu y volumen que acabamos apabullados. En esta época acelerada, los libros emergen como aliados para recuperar el placer de la concentración, la intimidad y la calma. Por eso, leer puede ser un acto de resistencia en una época invadida por la información nerviosa y desbocada.

Meditaba Carmen Martín Gaite en *El cuento de nunca acabar* que leer y escribir

... es como un pararse a contrapelo en medio de lo que bulle y arrastra, un pararse contra viento y marea, como si nos hubieran nacido raíces milenarias en los pies (...), como si estuviéramos en un recinto acolchado y silencioso, en una isla desierta o mirando un paisaje risueño y apacible desde las almenas de nuestra torre, a salvo de la muerte, la mudanza y la prisa.

Un libro respeta nuestra atención, nos mantiene desconectados de las urgencias, las notificaciones y la publicidad. No tiene baterías que recargar, es resistente y puede ser muy bello. No sufre la obsolescencia programada, pues su vida útil alcanza siglos y siglos. Suena, huele, lo puedes acariciar. El papel convive armoniosa y pacíficamente con sus hermanas de luz, las pantallas, pero posee un aura que los apasionados de la literatura amamos y reconocemos.

IX

Salvemos el milagro

Nunca como hoy, en nuestras modernas de-
mocracias, habían estado tan abiertas de par
en par las puertas a la lectura. Los libros nacie-
ron como un privilegio de sacerdotes, aristó-
cratas, nobles. Durante cientos de años, estos
cofres de sabiduría y de historias permanecie-
ron guardados en los palacios, en los grandes
conventos, en las mansiones más suntuosas, en
los pisos principales de las casas nobles. Eran
emblema de lujo y privilegio.

En un asombroso viaje de treinta siglos,
hemos logrado que hoy todos tengamos un

pasaporte al conocimiento: la alfabetización y el libre acceso a la lectura. Hemos quitado cerrojos a los libros y les hemos calzado zapatos cómodos. Los hemos traído a la plaza pública, al ágora, donde nadie tiene negado el acceso. Esto no ha sucedido por arte de magia. Es la cosecha de años de educación y transformaciones sociales. En escuelas, en institutos y en universidades. En editoriales que crean libros de bolsillo para todos los bolsillos. En las imprentas. En las librerías a pie de calle. En bibliotecas de barrio, en escuelas rurales. Desde las Misiones Pedagógicas a las ferias y fiestas donde las letras toman el sol. Desde el impulso público al minucioso entusiasmo de las empresas que nutren la cultura. Del tesón de incontables maestras anónimas a los dormitorios donde los niños cierran los ojos acunados por un cuento.

En estos días inciertos, cuando parece que los gritos se oyen más que los susurros, los libros siguen manteniendo vivo el diálogo silencioso de un par de ojos que escuchan la voz de unas hileras de letras. En los anaqueles de las bibliotecas, en las mesas de las librerías, en los tenderetes al aire libre, conviven juntos libros escritos en países adversarios, incluso en guerra unos con otros. Atlas físicos del mundo y manuales de interpretación de los sueños. Ensayos monográficos sobre microbios o galaxias. La autobiografía de un general al lado de las meditaciones de un desertor. Novelas posapocalípticas apiladas junto a utopías rebosantes de esperanza. Memorias con dosis de amnesia y ciencia ficción basada en hechos reales. Una evocación nostálgica y un relato de terror ambientados en el mismo día del mismo año. Los apuntes de una escritora trotamundos junto al diario clandestino de un encarcelado. Una crónica del primer amor en la tercera edad junto a la fantasía de un doble agente en la cuarta dimensión. Una novedad con la tinta todavía fresca y a su lado una obra que acaba de cumplir veinticinco siglos. Ahí no se conocen las fronteras temporales ni geográficas. Una librería, por minúscula que sea, es el mejor refugio para un cosmopolita. Y por fin, todos y cada una estamos invitados a este prodigioso viaje colectivo: extranjeros y autóctonos, personas provistas de trajes o tatuajes, pieles de color aceituna, maracuyá o nata, hombres que llevan moño o mujeres que llevan corbata. Eso se parece a una utopía.

Lo sabemos bien, lo narran los cuentos populares: las historias y los libros cobijan en su interior un mágico hechizo de protección, una fortaleza inmune para los humanos. Detrás de lo que hemos llegado a ser laten las rebeldías de generaciones anteriores. Leer es dar sentido al empeño de tantas maestras y bibliotecarios, de ilusos y soñadoras de nuevos mundos, de incontables Sherezades y Quijotes, de nuestros abuelos y bisabuelas que, en un país hundido en la posguerra, anhelaron mejores oportunidades para nosotros. Nos querían más inteligentes, más aladas, más lectores, más viajeras, más libres que ellos. Los libros son albergues de la memoria, espejos donde mirarnos para poder parecernos más a lo que deseamos ser. Estos frágiles universos son nuestra fuerza.

Somos seres entretejidos de relatos, bordados con hilos de voces, de historia, de filosofía y de ciencia, de leyes y leyendas. Por eso, la lectura seguirá cuidándonos si cuidamos de ella. No puede desaparecer lo que nos salva. Los libros nos recuerdan, serenos y siempre dispuestos a desplegarse ante nuestros ojos, que la salud de las palabras enraíza en las editoriales, en las librerías, en los círculos de lecturas compartidas, en las bibliotecas, en las escuelas. Es allí donde imaginamos el futuro que nos une.